Interseções Entre Liberdade Econômica e Liberdades Individuais

Leonardo Zétula Duro

ISBN: 978-65-01-21920-2

Interseções Entre Liberdade Econômica e Liberdade Individuais

CONTEÚDO

Interseções Entre Liberdade Econômica e Liberdade Individuais

AGRADECIMENTOS

Agradeço ao meu pai. Ele fez o impossível se tornar possível para meu crescimento, ele é minha maior aspiração e eu nunca conseguirei agradecê-lo o suficiente.

Uma Leve Introdução Sobre o Decorrer de Tal Obra

Olá meu caro leitor.

Esse texto que apresentarei a seguir é uma adaptação do primeiro trabalho de conclusão de curso que realizei; por conta disso, a escrita segue padrões normativos de um trabalho científico e de um trabalho acadêmico em si. Acredito que tal pesquisa foi interessante, principalmente pela variedade analítica tida e pelo estudo de correlação com seus resultados interessantes.

Espero que goste desse leve trabalho; contudo – caso goste ou não goste – saiba que o formato de escrita do texto já é algo desatualizado quando comparado com o meu padrão de escrita atual e – por consequência – pode ter certeza que a forma apresentada aqui é aquela que eu escrevo em trabalhos científicos, mas não aquela que escreverei em meus livros e futuras obras.

De qualquer forma, obrigado pela compra e espero que seja uma leitura agradável.

1. Análise Sobre Posicionamentos Políticos e A Dicotomia de Esquerda e Direita

No livro "Esquerda e Direita: perspectivas para a liberdade" de Murray Rothbard (1965-1968) é demonstrado como essa classificação, de divisão entre esquerda e direita, possui falhas e como diversas vertentes de pensamento, que se encontravam em um desses lados, sofreram transições para o outro lado do espectro.

Por essa razão será utilizado da bússola política para uma categorização sobre as teorias, tanto sobre suas vertentes econômicas quanto sociais. Sendo uma forma de oposição à clássica concepção sobre os métodos de divisão política. A Bussola política se baseou no trabalho de Theodor W. Adorno, além de Wilhem Reiche e Hans Eysenck.

Também deve ser comentado sobre o Diagrama de Nolan, o predecessor da teoria da bússola política, sendo a primeira divisão em eixos de liberdade econômicas e eixos de liberdades individuais. Este diagrama foi criado pelo psicólogo Bob Altemeyer em 1969, baseando-se, também, nas ideias do sociólogo Theodor W. Adorno e sendo disseminado pelo norte americano David Nolan.

Utilizando-os podemos reparar sobre as diferenças dos pensamentos sociais econômicos que antes estariam amontoados e sem diferenciação. Sem estas ferramentas seria dificultado uma análise realmente eficaz sobre as influências políticas das liberdades econômicas e liberdades individuais como um todo.

DIAGRAMA DE NOLAN

O Diagrama de Nolan, ou Gráfico de Nolan, é uma ferramenta de análise política composta por dois eixos: um representando a liberdade econômica e outro as liberdades individuais, que formam um plano cartesiano onde são separadas e classificadas as ideias políticas (NOLAN, 2014).

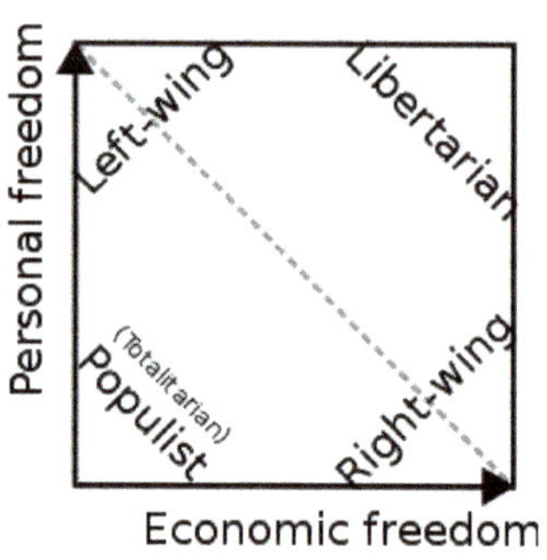

Figura 1 – Diagrama de Nolan

Fonte: SilverStar (Obra do Próprio) [CC BY 2.5]

https://creativecommons.org/licenses/by-sa/2.5/

Neste diagrama, é possível identificar quatro áreas de divisão: a ala esquerda (Left-wing), a ala direita (Right-wing), o Libertarianismo (Libertarian) e o Populismo (Populist) ou Totalitarismo (Totalitarian). Cada uma dessas áreas possui representações mais exemplificadas. Segundo Nolan (2014), na ala esquerda estão posicionadas ideias mais coletivistas e com maior intervenção do Estado na economia, como o socialismo e o comunismo, enquanto na ala direita encontram-se ideias mais individualistas e favoráveis à livre iniciativa, como o liberalismo e o conservadorismo.

O Libertarianismo, por sua vez, é caracterizado por

uma forte defesa das liberdades individuais e pela minimização da intervenção do Estado tanto na economia quanto em outras áreas da vida social. Já o populismo, ou totalitarismo, é caracterizado pela concentração de poder nas mãos de um líder carismático, com pouco respeito pelos direitos individuais e pela democracia (LEONARD, 2019).

De acordo com Nolan (2014), a divisão proposta pelo Diagrama de Nolan permite a diferenciação entre pensamentos que, anteriormente, eram categorizados de forma sobreposta, como é o caso dos pensamentos de Pierre Joseph Proudhon e Karl Marx. Ambos são considerados de esquerda, mas possuem grandes diferenças em suas caracterizações, sendo Proudhon considerado o pai do anarquismo clássico.

Outra ferramenta de análise política que merece destaque é a Bússola Política, baseada no trabalho de Theodor W. Adorno, Wilhem Reiche e Hans Eysenck. Essa ferramenta também se baseia na divisão entre liberdades econômicas e liberdades individuais, mas utiliza quatro eixos ao invés de dois, permitindo uma análise mais complexa das diferentes posições políticas (JOHNSON, 2020).

Por meio dessas ferramentas, é possível realizar uma análise mais eficaz das influências políticas das liberdades econômicas e individuais e das diferentes vertentes de pensamento que se encontram em cada um dos quadrantes propostos.

BÚSSOLA POLÍTICA

A Bússola Política é uma ferramenta de análise política baseada no trabalho de Theodor W. Adorno, Wilhem Reiche e Hans Eysenck, que se utiliza de quatro eixos para categorizar as posições políticas de acordo com sua perspectiva em relação às liberdades individuais e econômicas. Segundo Johnson (2020), essa ferramenta permite uma análise mais complexa das diferentes posições políticas em relação à divisão entre liberdades econômicas e liberdades individuais.

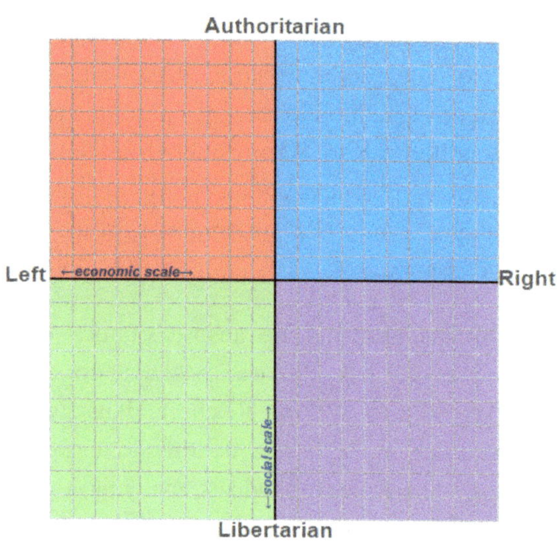

Figura 2– **Bússola Política**

Fonte: http://www.politicalcompass.org/. Acesso em 19/11/2022

A Bússola Política foi criada com o objetivo de causar uma medição própria e individual, dividindo-se em quatro quadrantes: Libertário de esquerda, Libertário de direita, Autoritarismo de direita e Autoritarismo de esquerda (Political Compass, 2022). Essa divisão proporcionou uma oposição entre os extremos anteriores, criando uma visão que não somente divide as posições políticas entre esquerda e direita, mas também entre totalitarismo e Libertarianismo. Conforme o Political Compass (2022), quanto maior a liberdade econômica, mais se encontrará a direita da distribuição, e quanto maior a liberdade individual, mais perto da escala libertária da distribuição.

Com o uso da Bússola Política, é possível ter uma análise mais aprofundada das diferentes posições políticas, fornecendo informações valiosas sobre as perspectivas de liberdade econômica e individual em cada posição política. Conclui-se, portanto, que a Bússola Política é uma ferramenta de análise política que permite uma análise mais detalhada da relação entre totalitarismo e Libertarianismo, devolvendo o termo Libertarianismo para uma conotação mais geral de liberdade individual.

2. Esquerda e Direita: A Classificação Das Correntes Políticas Através da Bússola Política e do Diagrama de Nolan

A bússola política e o diagrama de Nolan são duas ferramentas que auxiliam na classificação das ideologias políticas, permitindo uma compreensão mais aprofundada das diferenças entre elas. Ambas as ferramentas apresentam uma divisão entre o totalitarismo e o Libertarianismo no que diz respeito à liberdade individual, além da liberdade econômica, quando classificadas na ideia de esquerda e direita.

Segundo Oyama e Sant'Anna (2017), a liberdade individual é uma das bases do pensamento liberal, que defende a autonomia do indivíduo em relação ao Estado e à sociedade. O Libertarianismo é uma corrente política que vai além do liberalismo, defendendo uma maior ênfase na liberdade individual, incluindo a liberdade de escolha em todas as áreas da vida, incluindo a economia. O Libertarianismo é associado ao lado direito da bússola política e é representado no diagrama de Nolan pela posição extremamente libertária

Por outro lado, o totalitarismo é uma corrente política que prega o controle total do Estado sobre a vida dos indivíduos, incluindo a economia e todas as outras áreas da vida. Segundo Joppert (2008), o totalitarismo é caracterizado pela ausência de liberdade individual e pela subordinação do indivíduo ao Estado. O totalitarismo é associado ao lado esquerdo da bússola política e é representado no diagrama de Nolan pela posição extremamente autoritária.

Ainda segundo Joppert (2008), a diferença entre

esquerda e direita está relacionada à forma como cada corrente política entende a liberdade individual e a igualdade social. A esquerda defende uma maior igualdade social e a redução das desigualdades econômicas, enquanto a direita valoriza mais a liberdade individual e a livre iniciativa econômica. Essas diferenças podem ser observadas tanto na bússola política quanto no diagrama de Nolan, onde a esquerda é associada a uma posição mais igualitária e a direita a uma posição mais libertária.

De acordo com Hayek (1984) e Friedman (1962), a liberdade econômica é um dos princípios fundamentais para o funcionamento eficiente de uma economia de mercado. Para esses autores, a intervenção do Estado na economia é prejudicial e pode resultar em um menor desenvolvimento econômico. Eles argumentam que a liberdade econômica permite que os indivíduos possam exercer suas escolhas e tomar decisões em relação aos bens e serviços que desejam produzir e consumir. Dessa forma, a livre concorrência é vista como um mecanismo que estimula a inovação, a produtividade e a eficiência econômica.

Por outro lado, Rawls (1971) e Sen (2009) defendem a intervenção do Estado na economia para corrigir as desigualdades sociais e promover a igualdade de oportunidades para todos os indivíduos. Eles argumentam que o mercado não é capaz de garantir uma distribuição justa de recursos e que é papel do Estado garantir que as oportunidades estejam disponíveis para todos. Para Rawls (1971), a justiça social deve ser alcançada através da garantia de direitos iguais e oportunidades para todos os membros da sociedade, especialmente para aqueles que são menos favorecidos. Já Sen (2009) destaca que o desenvolvimento humano não deve ser medido apenas pelo crescimento econômico, mas também pela capacidade das pessoas de realizar suas escolhas e ter acesso a oportunidades de vida.

Outro grande exemplo desta divisão seria a ideia do "Crime sem vítima", como, por exemplo, o uso de drogas. Essa ação poderia ser vista como uma ação individual e sem um caráter de influência externa, caracterizando uma ação dentro da escala social, mas não dentro do âmbito econômico. Contudo, quando entra no ato da venda de drogas, sua regulamentação e fiscalização, já entra no caráter da escala econômica, tendo, assim, uma clara divisão.

Uma pessoa poderia acreditar que o uso de drogas deveria ser descriminalizado, mas a produção fiscalizada e feita pelo governo. Essa pessoa, sobre este tópico especifico, possuiria um alto caráter na escala de liberdade individual, mas um baixo na escala de liberdade econômica, se encontrando no quadrante do Libertarianismo de esquerda (inferior de esquerda) segundo o compasso político. Obviamente que para a medição do quadrante de uma forma mais especifica deve ser feito uma análise completa, e detalhada, para investigar, em termos gerais, o posicionamento da pessoa, sendo o caso citado acima apenas o exemplo de um tópico para descrição desta representação.

É perceptível que, desta forma, pode ser defendido uma ideia com alto caráter de liberdade individual, mas baixo em liberdade econômica, sem se preocupar em fugir dos padrões clássicos de esquerda ou direita. Abrindo uma observação mais detalhada da situação como um todo.

A divisão entre essas diferenças é claramente demonstrada na bussola política. Sendo essa a ferramenta utilizada para classificar diferentes correntes políticas de acordo com dois eixos principais: liberdade econômica e liberdade individual. O eixo da liberdade econômica se refere à posição do espectro político em relação ao papel do Estado na economia e na regulamentação do mercado, enquanto o eixo da liberdade individual se refere à posição do espectro político em relação à proteção das liberdades civis e individuais. Está divisão traz uma separação em 4 quadrantes. Os quadrantes são: Libertário de esquerda (inferior esquerdo), Libertário de direita (inferior direito), Autoritarismo de direita (superior direito) e Autoritarismo de esquerda (superior esquerdo). (Political Compass, 2022).

No quadrante inferior direito da bússola política, encontram-se as correntes políticas que defendem a liberdade econômica e a liberdade individual. Alguns dos autores que defendem essas ideias são Friedrich Hayek, Milton Friedman, Ayn Rand, Hans Hermann Hoppe e Ludwig von Mises. Esses autores acreditam que a liberdade econômica é fundamental para o progresso econômico e que a intervenção estatal na economia leva a ineficiência e a diminuição da liberdade individual. E, na visão dos libertários, a liberdade econômica e a liberdade individual são indissociáveis, e o Estado não deve intervir em questões como o casamento, a religião ou a sexualidade.

No quadrante superior direito da bússola política, encontram-se as correntes políticas que defendem a liberdade econômica, mas não a liberdade individual. Essas correntes políticas acreditam que o Estado deve ter um papel limitado na economia, mas uma forte intervenção na vida dos cidadãos em questões sociais e culturais. Alguns dos autores que defendem essas ideias são conservadores como Edmund Burke e Russell Kirk. Esses autores acreditam que a tradição e os valores sociais devem ser preservados e que o Estado deve proteger a moralidade pública e o bem-estar da sociedade como um todo.

No quadrante inferior esquerdo da bússola política, encontram-se as correntes políticas que defendem a liberdade individual, mas não a liberdade econômica. Essas correntes políticas acreditam que o Estado deve ter um papel forte na economia e na redistribuição de renda, mas deve promover a igualdade de oportunidades e a proteção das liberdades civis e individuais. Alguns dos autores que defendem essas ideias são John Rawls, Amartya Sen e Paul Krugman. Esses autores acreditam que a igualdade social é fundamental para a justiça e que a intervenção estatal na economia pode promover a igualdade e o bem-estar social.

No quadrante superior esquerdo da bússola política, encontram-se as correntes políticas que defendem a intervenção estatal tanto na economia quanto na vida dos cidadãos. Essas correntes políticas acreditam que o Estado deve ter um papel forte na promoção da igualdade social e na proteção das liberdades civis e individuais. Alguns dos autores que defendem essas ideias são Karl Marx, Friedrich Engels e Leon Trotsky. Esses autores acreditam que a liberdade individual é limitada pelo sistema econômico e que a intervenção estatal é necessária para promover a justiça social e a igualdade.

A comparação entre as teorias e os autores presentes em cada quadrante da bússola política mostra a existência de diferentes perspectivas em relação à liberdade econômica e individual, evidenciando a complexidade do debate político e a necessidade de análise crítica das diferentes correntes de pensamento.

Essa separação entre as ideias econômicas e sociais são abordadas por diversos pensadores. Alguns deles, muita das vezes, tendem a ver a divisão como impossibilitada em sua existência performática, tendo uma limitação em sua construção teórica. Exemplos são pensadores Anarco-capitalistas, como Murray Rothbard e Hans Hermann Hoppe que veem a ideia dos pensamentos "de esquerda" como obrigatoriamente atrelados a ideia do totalitarismo e recusam qualquer aproximação das ideias libertarias de esquerda como um todo. Rothbard em seu artigo "*Are libertarians 'Anarchists'?*" (1950) afirma: "Nós devemos concluir que não somos anarquistas" e também diz que os adeptos do anarquismo causam distorções e confusões sobre o pensamento libertário. E Hoppe em "Uma teoria do socialismo e do Capitalismo" (1988) afirma que é impossível haver socialismo sem o Estado, recusando a noção de que seria possível a existência deste Libertarianismo extremo de esquerda.

Contudo, outros, como Samuel Edward Konkin III, navegam sobre esta divisão. Este autor é identificado como o fundador do pensamento Agorista, sendo este pensamento uma ramificação do pensamento Anarcocapitalista, mas, em sua fundamentação teórica, ele utiliza da contra economia, o que o classificaria como um escritor presente de uma forma mais próxima do Libertarianismo de esquerda. Mesmo Rothbard, que tinha esta oposição a estes libertários de esquerda, afirmou em seu comentário sobre o livro "An agorist primer" (2008) que "*Os escritos de Konkin são bem vindos*" entrando em um conflito com sua idealização anterior.

Muitas das vezes, como no caso de Rothbard, é possível notar uma união entre as ideias econômicas e as ideias socias, o que causa uma repulsa aquilo que defenda somente uma delas, sendo caracterizada como, de alguma forma, incompleta ou errada. Mas esta recusa e essa visão de diferenciação, como no caso do pensamento Agorista com o pensamento Anarcocapitalista, apenas demonstra a existência da diferenciação dentro destes, comprovando a possibilidade da divisão.

Outro exemplo que demonstra essa divisão são os embates que existiram entre Pierre Joseph Proudhon e Frederic Bastiat. Ambos possuíam posições diferentes da esquerda e direita tradicional, se encontrando no campo libertário, mas, mesmo assim, existem relatos de debates calorosos entre eles, principalmente sobre a natureza dos juros, algo demonstrativo que mesmo, ambos possuindo uma defesa similar sobre a liberdade individual, em grandes partes ainda haveriam discussões e diferenças por conta da diferenciação sobre a ideia de liberdade econômica de ambos.

Isso também é comum no oposto, entre aqueles que estão no mesmo quadrante de liberdade econômica, mas que se diferem entre a divisão da liberdade individual. Um exemplo disso é o conflito existente entre Karl Marx e Mikhail Bakunin. Ambos se encontram em pensamentos similares na relação sobre a liberdade econômica, mas, quando é abordado questões que entram na liberdade individual, e seu controle estatal, é tido uma ruptura brusca entre eles.

Por outro lado, alguns estudiosos argumentam que a dicotomia entre liberdade individual e econômica é falsa e que ambas estão intrinsicamente ligadas. Um exemplo disso é o filósofo político americano John Tomasi, que argumenta que a liberdade econômica é necessária para alcançar a liberdade individual, pois a propriedade privada é um aspecto essencial da liberdade individual (TOMASI, 2012). Ele defende um tipo de liberalismo igualitário que enfatiza tanto a igualdade de oportunidades quanto a liberdade econômica.

Outro exemplo é a teoria do anarco-sindicalismo, que une a luta pela liberdade econômica com a luta pela emancipação dos trabalhadores. O anarco-sindicalismo enfatiza a importância da auto-organização dos trabalhadores e da luta contra a exploração capitalista. Ele defende a abolição do Estado e sua substituição por conselhos de trabalhadores autônomos e autogeridos (ROCKER, 2013).

É demonstrado claramente que, mesmo havendo a proximidade em um dos quadrantes, é existente uma divisão clara entre todos os quadrantes, sejam libertários de esquerda com libertários de direita, de totalitários de esquerda com totalitários de direita, de libertários de direita com totalitários de direita ou libertários de esquerda com totalitários de esquerda. Mesmo caso exista a dúvida sobre a exatidão especifica da separação, é perceptível, sem sombra de dúvida, que existe esta separação.

Em linhas gerais, embora haja diferentes abordagens sobre a relação entre liberdade individual e econômica, é inegável que existe uma separação clara entre diferentes quadrantes políticos e ideológicos.

A dicotomia entre liberdade individual e econômica pode ser útil para entender as diferenças entre esses quadrantes, mas também é importante reconhecer que ambas estão interligadas e que é possível encontrar abordagens que unam a luta pela liberdade individual e econômica.

3. Interdependência e Complexidade na relação entre liberdade Economia e Liberdade Individual: Uma análise multidimensional

A medição da liberdade econômica e da liberdade individual é uma ferramenta importante para entender as diferenças ideológicas entre países. O relatório de liberdade econômica mundial do Fraser Institute é uma medida que avalia como as instituições e países apoiam as liberdades econômicas. Já o relatório da instituição Freedom House realiza uma análise anual das liberdades individuais em países, como a igualdade perante a lei e o direito de voto.

Primeiramente, é necessária uma definição sobre os conceitos de liberdade em si. A liberdade econômica é uma dimensão essencial para o desenvolvimento econômico e a prosperidade das sociedades, como afirmam Acemoglu e Robinson (2012). A liberdade econômica é uma medida da capacidade das pessoas de realizar transações voluntárias sem coerção externa ou controle excessivo do Estado, permitindo a maximização da riqueza e do bem-estar. Nesse sentido, a liberdade econômica é um princípio fundamental para as sociedades livres, e é um componente crucial do desenvolvimento humano.

A liberdade econômica pode ser medida de várias maneiras, e diferentes organizações e acadêmicos possuem suas próprias abordagens e indicadores. Uma das medidas mais conhecidas e utilizadas é o Índice de Liberdade Econômica, publicado anualmente pelo Fraser Institute. Esse índice avalia a liberdade econômica de países em todo o mundo, com base em diversos fatores, como o tamanho do governo, a eficiência regulatória, a abertura ao comércio internacional, a proteção da propriedade e dos direitos de contratos, e a estabilidade monetária. Outra medida importante é o Índice de Complexidade Econômica, desenvolvido pelo MIT, que avalia a diversidade e sofisticação das exportações de um país, como indicador de sua capacidade de inovação e desenvolvimento de setores de alta tecnologia.

Acemoglu e Robinson (2012) destacam que a liberdade econômica é importante para o desenvolvimento econômico e a inclusão social. Em sociedades com baixa liberdade econômica, as elites políticas e econômicas podem controlar e monopolizar o poder econômico, impedindo a concorrência e a inovação, e limitando as oportunidades de emprego e investimento para a maioria da população. Isso pode levar a uma situação de "armadilha da pobreza", em que o baixo desenvolvimento econômico leva a baixas oportunidades de emprego e baixa renda, que por sua vez levam a baixos níveis de investimento e inovação, perpetuando a situação de pobreza.

Por outro lado, a liberdade econômica pode promover o crescimento econômico e a inclusão social, estimulando a inovação, o empreendedorismo e a concorrência. Em sociedades com alta liberdade econômica, as pessoas são incentivadas a buscar oportunidades de negócios e investimentos, e a criar novos produtos e serviços que atendam às necessidades dos consumidores. Isso leva a um ambiente econômico mais dinâmico e competitivo, com maior potencial para o crescimento econômico e a criação de empregos. Além disso, a liberdade econômica pode estimular a inclusão social, proporcionando oportunidades de emprego e renda para grupos historicamente excluídos da economia, como mulheres, minorias étnicas e grupos de baixa renda.

É importante ressaltar que a liberdade econômica não é uma panaceia para todos os problemas econômicos e sociais de uma sociedade. Embora a liberdade econômica possa ser um importante fator de desenvolvimento, ela não é a única dimensão a ser considerada. Entretanto, a liberdade econômica pode promover a inovação, o empreendedorismo e a concorrência, criando oportunidades para o desenvolvimento econômico e social.

Quanto à liberdade individual, para Sen (2001), a ela é essencial para a realização humana e a justiça social. Para o autor, a liberdade individual não deve ser vista apenas como um conjunto de direitos políticos formais, mas sim como um processo de expansão de escolhas e oportunidades.

A liberdade individual, segundo Sen, está relacionada à capacidade das pessoas de realizar seus objetivos e aspirações, e não apenas à ausência de coerção externa. Assim, a liberdade individual pode ser entendida como uma forma de capacitação das pessoas para que possam fazer escolhas informadas e ter acesso a oportunidades, de modo a realizar seus projetos de vida e alcançar o bem-estar.

Nesse contexto, a liberdade econômica desempenha um papel importante, pois pode ampliar ou restringir as escolhas e oportunidades das pessoas. A liberdade econômica pode ser definida como a ausência de restrições governamentais e de outras barreiras à entrada e à saída de empresas e indivíduos no mercado. A liberdade econômica também pode ser compreendida como um ambiente propício para a concorrência, a inovação e o empreendedorismo, que podem gerar oportunidades econômicas e reduzir a desigualdade.

Em contrapartida, a falta de liberdade econômica pode levar a uma concentração de poder nas mãos de elites políticas e econômicas, impedindo o crescimento econômico sustentável e a inclusão social. Por exemplo, um ambiente regulatório excessivamente restritivo pode impedir a entrada de novas empresas no mercado, limitando a concorrência e restringindo as opções dos consumidores. Além disso, a falta de liberdade econômica pode gerar desigualdades, concentrando recursos nas mãos de poucos e deixando outros desprovidos de oportunidades.

É importante destacar que a liberdade econômica não é uma condição suficiente para a liberdade individual. Outros fatores, como o acesso à educação, saúde e segurança, também são importantes para a expansão das escolhas e oportunidades das pessoas. Além disso, a liberdade econômica não é uma condição homogênea em todos os setores da economia, podendo haver diferentes graus de liberdade em diferentes setores e regiões.

Para Sen (2001), a liberdade individual é um elemento central para a justiça social e o desenvolvimento humano. A liberdade individual é um valor em si mesmo, que deve ser protegido e promovido. Além disso, a liberdade individual pode gerar benefícios econômicos e sociais, criando oportunidades e reduzindo desigualdades. Nesse sentido, a liberdade individual e a liberdade econômica são interdependentes e devem ser compreendidas em conjunto.

A liberdade individual e a liberdade econômica são elementos fundamentais para o desenvolvimento humano e a justiça social. A liberdade individual é um processo de expansão de escolhas e oportunidades, que pode ser ampliado ou restringido pela liberdade econômica.

Para entender melhor a relação entre a liberdade econômica e a liberdade individual, é necessário considerar a complexidade de fatores que podem afetar esses dois tipos de liberdades em um determinado país. A cultura de um país, por exemplo, pode influenciar a maneira como as pessoas percebem a liberdade e a importância que elas dão a ela. Algumas culturas podem valorizar mais a liberdade individual, enquanto outras podem enfatizar mais a importância da estabilidade econômica e social.

A história também pode afetar a liberdade individual e econômica em um país. Por exemplo, países que passaram por regimes autoritários ou ditatoriais podem ter instituições mais fracas e uma cultura de desconfiança em relação ao governo, o que pode afetar negativamente tanto a liberdade econômica quanto a individual.

Além disso, a política também pode desempenhar um papel importante na determinação do nível de liberdade em um país. As políticas públicas, por exemplo, podem afetar a liberdade econômica ao estabelecer regulamentações sobre a propriedade privada, impostos e comércio internacional. Da mesma forma, políticas relacionadas à liberdade individual, como a liberdade de expressão, de imprensa e de religião, podem ser afetadas pelas políticas e instituições do governo.

Entender a relação entre a liberdade econômica e a liberdade individual requer uma análise cuidadosa de vários fatores que afetam essas liberdades em um determinado contexto social, político e cultural.

Para realizar essa análise será feita a medição da liberdade econômica e da liberdade individual por meio do relatório do Fraser Institute e da Freedom House, respectivamente, pode fornecer uma compreensão mais profunda das diferenças ideológicas entre os países e ajudar a identificar as políticas e instituições que promovem a prosperidade e a justiça social.

Para comparar os dados da destas duas instituições, em relação às liberdades, foi utilizado o coeficiente de correlação de Pearson, sendo este uma medida estatística que avalia a relação linear entre duas variáveis quantitativas.

O coeficiente de correlação de Pearson é uma medida estatística que indica a magnitude e a direção da associação linear entre duas variáveis contínuas (Pearson, 1895). Esse índice varia de -1 a 1, onde -1 representa uma correlação negativa perfeita, 1 representa uma correlação positiva perfeita e 0 indica ausência de correlação. A correlação de Pearson é considerada uma forma de avaliação válida, pois permite quantificar a relação entre duas variáveis, facilitando a análise e a interpretação dos dados (Mukaka, 2012).

A validade do coeficiente de correlação de Pearson reside em sua capacidade de fornecer informações sobre a relação linear entre duas variáveis contínuas, sendo amplamente utilizado em diversas áreas do conhecimento, como ciências sociais, econômicas e biomédicas (Rodgers & Nicewander, 1988). Uma das principais vantagens dessa medida é sua simplicidade e facilidade de interpretação, permitindo identificar padrões nos dados e a força da associação entre as variáveis de interesse (Mukaka, 2012). Além disso, a correlação de Pearson é útil para identificar possíveis relações causais que podem ser investigadas posteriormente por meio de abordagens mais robustas, como a análise de regressão (Kenny, 1979). Entretanto, é essencial lembrar que a correlação de Pearson se limita a capturar relações lineares, podendo subestimar ou não detectar relações não lineares entre as variáveis (Hair et al., 2010).

Para calcular o coeficiente de correlação de Pearson (r), primeiramente, é necessário determinar a média de cada variável (X e Y). Em seguida, calcula-se a diferença entre cada valor das variáveis e suas respectivas médias (Xi - X médio) e (Yi - Y médio) e multiplica-se as diferenças encontradas (produto das diferenças) para cada par de valores (Xi, Yi). Somam-se todos os produtos das diferenças e calcula-se a soma dos quadrados das diferenças para cada variável (X e Y). Posteriormente, multiplica-se as somas dos quadrados das diferenças das duas variáveis e calcula-se a raiz quadrada do produto obtido. Por fim, divide-se a soma dos produtos das diferenças pelo resultado da raiz quadrada do produto.

O resultado final será o coeficiente de correlação de Pearson (r). Valores próximos a 1 ou -1 indicam uma correlação linear forte, enquanto valores próximos a 0 sugerem uma correlação fraca ou inexistente (Cohen, 1988). Essa medida é útil para entender como duas variáveis estão relacionadas e, se necessário, fazer previsões com base nessa relação (Hair et al., 2010). No entanto, é importante lembrar que correlação não implica causalidade e deve-se ter cautela ao inferir relações causais com base apenas em correlações (Kenny, 1979).

O coeficiente de correlação de Pearson entre os dois conjuntos de dados variou de -0,20 (Myanmar) a 0,95 (Finlândia) para cada país. A média geral do coeficiente de correlação de Pearson entre todos os países foi de 0,48, indicando uma correlação positiva moderada entre os dados do Fraser Institute e da Freedom House.

Ao analisar a correlação por país, percebemos que alguns países apresentam correlações mais fortes, enquanto outros apresentam correlações mais fracas ou mesmo negativas.

Entre os países com correlações mais fortes, podemos

citar a Suíça, Nova Zelândia, Austrália, Canadá e Reino Unido. Já entre os países com correlações mais fracas ou negativas, temos a Venezuela, Cuba, China e Coreia do Norte.

Ao calcularmos o coeficiente de correlação de Pearson para o conjunto de dados como um todo, encontramos um valor de 0,48, o que indica uma correlação positiva moderada entre os dados do Fraser Institute e da Freedom House. Isso sugere que, em geral, quanto maior a liberdade econômica de um país, maior também é a sua liberdade política. No entanto, essa relação não é perfeitamente linear, e a correlação moderada indica que existem variações e exceções entre os países. Algumas nações podem ter altos níveis de liberdade econômica, mas baixos níveis de liberdade política e vice-versa. Portanto, embora exista uma tendência geral, é importante analisar cada país individualmente para compreender a dinâmica específica entre liberdade econômica e política.

Isso sugere que a liberdade econômica e a liberdade política são interdependentes e estão relacionadas entre si, embora com uma correlação positiva moderada. Quando as instituições econômicas de um país são mais livres, as pessoas tendem a ter mais oportunidades e recursos para exercer suas liberdades políticas. Da mesma forma, quando as pessoas têm mais liberdade política, elas podem participar mais ativamente da economia e influenciar as políticas que afetam suas vidas. No entanto, é importante considerar as variações e exceções entre os países, uma vez que a relação não é perfeitamente linear.

Para entender melhor a relação entre a liberdade econômica e a liberdade individual, é necessário considerar a complexidade de fatores que podem afetar esses dois tipos de liberdades em um determinado país. A cultura de um país, por exemplo, pode influenciar a maneira como as pessoas percebem a liberdade e a importância que elas dão a ela. Algumas culturas podem valorizar mais a liberdade individual, enquanto outras podem enfatizar mais a importância da estabilidade econômica e social.

A história também pode afetar a liberdade individual e econômica em um país. Por exemplo, países que passaram por regimes autoritários ou ditatoriais podem ter instituições mais fracas e uma cultura de desconfiança em relação ao governo, o que pode afetar negativamente tanto a liberdade econômica quanto a individual.

Além disso, a política também pode desempenhar um papel importante na determinação do nível de liberdade em um país. As políticas públicas, por exemplo, podem afetar a liberdade econômica ao estabelecer regulamentações sobre a propriedade privada, impostos e comércio internacional. Da mesma forma, políticas relacionadas à liberdade individual, como a liberdade de expressão, de imprensa e de religião, podem ser afetadas pelas políticas e instituições do governo.

Entender a relação entre a liberdade econômica e a liberdade individual requer uma análise cuidadosa de vários fatores que afetam essas liberdades em um determinado contexto. No entanto, é importante lembrar que essa correlação não é uma relação causal direta. Outros fatores, como cultura, história e política, também podem afetar o nível de liberdade individual e econômica em um país.

Dessa forma, de acordo com Hayek (1944), é crucial estabelecer um processo de atualização contínua e sistemática das pesquisas e análises sobre liberdade econômica e individual. Isso pode ser alcançado por meio da implementação de um sistema de monitoramento que identifique novas publicações, estudos e dados relevantes, permitindo uma revisão periódica das informações disponíveis e, consequentemente, uma análise mais precisa e atualizada das questões em discussão.

Outro aspecto importante a ser considerado é a colaboração entre pesquisadores e especialistas de diferentes áreas e perspectivas. De acordo com Ostrom (1990), através da troca de ideias e informações, é possível obter uma compreensão mais abrangente e atualizada dos temas relacionados à liberdade econômica e individual, bem como identificar possíveis lacunas e oportunidades para futuras investigações.

Além disso, é essencial acompanhar e avaliar as mudanças nas políticas públicas e nas abordagens governamentais relacionadas à promoção da liberdade econômica e individual. Essa análise deve levar em consideração tanto os avanços quanto os retrocessos na implementação de políticas e medidas que possam impactar essas liberdades, permitindo a identificação de melhores práticas e a proposição de recomendações baseadas em evidências, conforme apontado por Acemoglu e Robinson (2012).

Também é relevante considerar os avanços tecnológicos e a transformação digital como fatores que influenciam a liberdade econômica e individual. Segundo Castells (2000), o uso e a disseminação de novas tecnologias podem trazer oportunidades e desafios nesse âmbito, e é fundamental compreender como essas mudanças afetam a liberdade e o bem-estar das pessoas.

Por fim, é importante ressaltar a necessidade de promover a educação e a conscientização sobre a importância da liberdade econômica e individual, tanto para a população em geral quanto para os tomadores de decisão. Conforme destacado por Friedman (1962), o engajamento ativo e informado da sociedade e dos responsáveis por políticas públicas é crucial para assegurar que a liberdade econômica e individual seja valorizada e protegida, e que as análises e pesquisas nessa área possam ser efetivamente utilizadas para orientar ações e iniciativas em busca de um futuro mais próspero e livre.

4. Ponderando Liberdades: Uma análise sobre a interseção entre economia, individualidade e políticas públicas.

No espectro político, definido pelo compasso político, autores de direita, como Hayek e Friedman, geralmente defendem uma maior liberdade econômica em comparação com autores de esquerda. Eles acreditam que a economia de mercado, com mínima intervenção governamental, é a chave para o crescimento e a prosperidade. Essa visão baseia-se na ideia de que a livre concorrência e a iniciativa privada estimulam a inovação, a eficiência e a criação de riqueza, enquanto a intervenção estatal na economia pode levar à ineficiência, burocracia e dependência do governo.

Enquanto isso, autores libertários, como Spooner e Bakunin, focam buscam maior liberdade individual em comparação aos autores autoritários. Eles defendem a autonomia individual, a descentralização do poder e a abolição de instituições hierárquicas e coercitivas, como o Estado. Essa perspectiva enfatiza a importância de respeitar os direitos e liberdades individuais, incluindo a liberdade de expressão, a liberdade de associação e o direito à privacidade.

Esses autores libertários muita das vezes consideram que a autoridade e o poder centralizado, presentes em sistemas autoritários, limitam a liberdade individual e perpetuam a opressão e a desigualdade social. Em contraste, autores autoritários, como Thomas Hobbes, acreditam que a ordem e a estabilidade social dependem de um governo forte e centralizado, capaz de manter a paz e a segurança, mesmo que isso signifique sacrificar algumas liberdades individuais.

Uma análise das diferentes perspectivas políticas evidencia a complexidade do debate em torno da liberdade econômica e individual. Enquanto autores de direita e libertários defendem a liberdade econômica e individual, respectivamente, autores de esquerda e autoritários priorizam a igualdade e a estabilidade social, mesmo que isso implique em restrições às liberdades individuais. O desafio para os formuladores de políticas públicas é encontrar um equilíbrio entre essas demandas conflitantes, promovendo o bem-estar coletivo sem sacrificar a autonomia e a liberdade dos cidadãos.

A relação entre políticas públicas e liberdades econômicas e individuais é um tema central no pensamento liberal e anarquista. Friedrich Hayek (1944), em "O Caminho da Servidão", alerta para os perigos do intervencionismo estatal na economia, argumentando que a liberdade econômica é um pré-requisito para a manutenção das liberdades individuais. Hayek sustenta que a expansão do poder estatal tende a restringir a liberdade de escolha e a autonomia dos indivíduos.

Outro ponto que é argumentado é a importância de um sistema jurídico que proteja a propriedade privada e a liberdade individual, em vez de promover a redistribuição de riquezas, sendo essa ideia enfatizada por Frédéric Bastiat (1850) em "A Lei". Ele argumenta que o estado deve atuar apenas como um árbitro imparcial, garantindo a justiça e a segurança, sem interferir na vida econômica e social dos cidadãos. Nesse sentido, Lysander Spooner (1870), em "Sem Traição", destaca a necessidade de limitar o poder do Estado e critica o contrato social, afirmando que os indivíduos não devem ser forçados a obedecer a leis com as quais não concordam.

Essa preocupação com a liberdade individual também é abordada por Sigmund Freud (1930) em "O Mal-Estar na Civilização", ao discutir como a repressão dos instintos humanos pela sociedade, e pelo o Estado, pode gerar frustração e infelicidade. Já Pierre-Joseph Proudhon (1840), em "O que é a Propriedade?", adota uma visão anarquista, considerando o Estado como um instrumento de dominação e exploração.

Em complemento a essa perspectiva anarquista, Mikhail Bakunin (1871) também rejeita a autoridade estatal e religiosa em "Deus e o Estado", argumentando que as políticas públicas e as instituições hierárquicas limitam a liberdade e a autonomia dos indivíduos, perpetuando a opressão e a desigualdade social.

Esse debate sobre a relação entre políticas públicas com as liberdades econômicas e individuais é ainda enriquecido pelas contribuições de autores como John Stuart Mill (1859) e Isaiah Berlin (1958), que exploram a tensão entre liberdade negativa e liberdade positiva em obras como "Sobre a Liberdade" e "Dois Conceitos de Liberdade", respectivamente. Mill faz uma defesa pela primazia da liberdade de expressão e pensamento, enquanto a ênfase de Berlin é tida no equilíbrio entre demandas de liberdades individuais e coletivas, demonstrando a complexidade, e a importância, desse tema para a compreensão da relação entre Estado e indivíduo.

Analisando esses autores é revelado uma grande preocupação comum com o impacto das políticas públicas sobre as liberdades econômicas e individuais. É argumentado que o Estado, ao intervir excessivamente na vida dos cidadãos, pode limitar a autonomia individual e restringir as oportunidades de crescimento e desenvolvimento pessoal. No entanto, vários destes autores citados, também reconhecem que algum grau de regulação estatal é necessário para garantir a justiça social e a estabilidade da sociedade.

A relação entre políticas públicas, liberdades econômicas e individuais é objeto de intenso debate acadêmico e, nesse contexto, medidas práticas são fundamentais para ilustrar como esses conceitos podem ser aplicados na realidade. No que diz respeito à liberdade de empreendedorismo e inovação, Schumpeter (1942) destaca a importância de políticas que incentivem a criação e o crescimento de pequenas e médias empresas, simplificando processos burocráticos, reduzindo impostos e oferecendo linhas de crédito acessíveis. Tais políticas estão alinhadas às ideias de Hayek e Bastiat, que valorizam a liberdade econômica e a competição como fatores determinantes do progresso social.

Já no campo da educação, e capacitação, profissional, Sen (1999) defende a importância do acesso universal à educação de qualidade e programas de capacitação profissional para ampliar as liberdades sociais e econômicas dos indivíduos. Essas políticas refletem os conceitos de liberdade positiva propostos por Berlin e as preocupações de Mill com o desenvolvimento humano, pois fornecem aos indivíduos as ferramentas necessárias para alcançar seus objetivos e exercer sua autonomia.

Outro aspecto fundamental, que circunda as liberdades individuais, é proteção da liberdade de expressão e informação. Sunstein (2001) argumenta que políticas que protegem a liberdade de imprensa, garantem a neutralidade da internet e promovem a transparência governamental, sendo essenciais para assegurar o livre fluxo de informações e o debate público. Essas medidas estão em consonância com as ideias de Mill, que defende a liberdade de pensamento e expressão como pilares do desenvolvimento humano.

Sendo assim as políticas públicas voltadas para a proteção dos direitos civis e para a igualdade perante a lei também são cruciais para as liberdades individuais. Rawls (1971) sustenta a importância de leis que proíbam a discriminação com base em gênero, orientação sexual, raça, religião ou outras características, bem como políticas que garantam a igualdade de oportunidades no mercado de trabalho e no acesso a serviços públicos. Tais políticas refletem as preocupações de autores como Spooner, Proudhon e Bakunin com a justiça social e a autonomia individual.

Por fim, Esping-Andersen (1990) destaca a relevância de políticas públicas de proteção social e combate à pobreza para ampliar as liberdades econômicas e individuais dos indivíduos. Programas de transferência de renda, acesso universal à saúde e políticas habitacionais são exemplos de medidas práticas que podem ser adotadas nesse sentido. Embora alguns autores, como Hayek e Bastiat, possam ver essas políticas como intervenções estatais indesejáveis, elas podem ser vistas como instrumentos para garantir a liberdade positiva e a justiça social, aspectos enfatizados por autores como Berlin, Freud e Proudhon

A liberdade econômica é um conceito central no debate sobre políticas públicas e se refere à capacidade dos indivíduos e empresas de tomar decisões econômicas sem a interferência excessiva do governo. No entanto, é importante reconhecer que o governo desempenha um papel crucial na influência e na promoção dessa liberdade por meio de políticas regulatórias, fiscais e monetárias (Friedman, 1962).

Por exemplo, o governo pode promover a liberdade econômica ao adotar políticas que incentivem o livre comércio, reduzam barreiras regulatórias e garantam a estabilidade macroeconômica. Essas medidas são importantes para criar um ambiente favorável ao empreendedorismo e à inovação, permitindo que os indivíduos e empresas se beneficiem de oportunidades de crescimento e desenvolvimento.

No entanto, existe uma tensão inerente entre a promoção da liberdade econômica e a proteção da liberdade individual, já que a intervenção governamental pode ser necessária para garantir a justiça social e o bem-estar coletivo (Nozick, 1974). Por exemplo, políticas de redistribuição de renda e regulação do mercado de trabalho podem ser vistas como limitadoras da liberdade econômica, mas são fundamentais para garantir a igualdade de oportunidades e a proteção dos direitos dos trabalhadores.

Essa aparente contradição entre a liberdade econômica e a liberdade individual pode ser mitigada por meio de políticas públicas equilibradas que busquem conciliar os interesses individuais e coletivos. Nesse sentido, a teoria da "justiça como equidade" de Rawls (1971) oferece uma perspectiva importante, defendendo a ideia de que a igualdade de oportunidades e a proteção dos direitos básicos devem ser garantidas, mesmo que isso implique em alguma restrição à liberdade econômica.

Em síntese, existe uma grande complexidade da relação entre as políticas públicas e as liberdades econômicas e individuais, bem como uma tensão entre a liberdade econômica e a liberdade individual. A análise das ideias de autores como Hayek, Bastiat, Spooner, Freud, Proudhon, Bakunin, Mill, Berlin, Schumpeter, Sen, Sunstein, Rawls, Esping-Andersen, Friedman e Nozick contribuem para uma compreensão mais aprofundada dessa relação e oferece subsídios para a formulação de políticas públicas que promovam um equilíbrio entre as demandas de liberdades, respeitando a autonomia dos cidadãos e promovendo o bem-estar social.

5. Liberdades Econômicas e Individuais: Alicerces Fundamentais para o Desenvolvimento Psicológico

O processo de desenvolvimento psicológico dos indivíduos é complexo e multifacetado, com as liberdades econômicas e individuais desempenhando um papel crucial. Diferentes teorias e abordagens psicológicas têm sido utilizadas para compreender essa relação, abordando temas como desenvolvimento mental, construção da identidade, necessidades psicológicas básicas, relação entre ambiente e comportamento, e interdependência entre desenvolvimento psicológico e contexto sociocultural. Contudo, mesmo variando a abordagem, a grande maioria delas tende a concordar na importância de tais preceitos causados pelas liberdades no desenvolvimento humano.

TEORIA COGNITIVA

O desenvolvimento psicológico dos indivíduos é um processo complexo e multifacetado, no qual as liberdades econômicas e individuais desempenham um papel fundamental. A teoria cognitiva, com foco na obra de Piaget (1952), é uma abordagem que contribui significativamente para a compreensão dessa relação, especialmente no que diz respeito ao desenvolvimento cognitivo e ao papel das experiências e interações com o ambiente (PIAGET, 1952).

Piaget (1952) propôs uma teoria do desenvolvimento cognitivo, na qual os indivíduos passam por estágios sequenciais de desenvolvimento, desde o nascimento até a adolescência. Esses estágios são: sensório-motor, pré-operacional, operacional concreto e operacional formal. Segundo Piaget (1952), o desenvolvimento cognitivo ocorre por meio da assimilação e acomodação das informações e experiências, que são integradas às estruturas mentais preexistentes ou que levam à modificação dessas estruturas.

Nesse contexto, as liberdades econômicas e individuais podem ter um impacto significativo no desenvolvimento cognitivo dos indivíduos. Em primeiro lugar, as liberdades econômicas, como a disponibilidade de recursos materiais e financeiros, podem proporcionar acesso a oportunidades educacionais de qualidade e a ambientes de aprendizagem enriquecedores, que estimulam a aquisição de conhecimento e o desenvolvimento de habilidades cognitivas em cada estágio do desenvolvimento (PIAGET, 1952).

Além disso, as liberdades individuais, como o direito de expressar ideias e opiniões, participar de atividades culturais e políticas e interagir livremente com outras pessoas, podem favorecer o desenvolvimento cognitivo ao permitir que os indivíduos se engajem em trocas dialógicas e colaborem na resolução de problemas complexos. Essas interações sociais podem desafiar os indivíduos a questionar suas concepções prévias, a desenvolver novas perspectivas e a aprimorar suas habilidades de pensamento crítico e criativo (PIAGET, 1952).

A relação entre a teoria cognitiva de Piaget e as liberdades econômicas e individuais também pode ser explorada no conceito de equilibração, que é um processo de autorregulação pelo qual os indivíduos buscam restaurar o equilíbrio cognitivo após enfrentar desafios e discrepâncias em suas experiências e conhecimentos. As liberdades econômicas e individuais podem facilitar esse processo de equilibração, ao oferecer um contexto em que os indivíduos têm acesso a informações e recursos diversificados e podem experimentar diferentes estratégias e abordagens para resolver problemas e superar obstáculos (PIAGET, 1952).

Para concluir, a teoria cognitiva de Piaget (1952) fornece um valioso referencial teórico que nos permite destacar a importância das liberdades econômicas e individuais para o desenvolvimento cognitivo. Esta compreensão é fundamental para orientar políticas e práticas que promovam o bem-estar e a autorrealização dos cidadãos, ao criar as condições necessárias para um saudável desenvolvimento cognitivo e emocional. A partir da teoria de Piaget (1952), podemos entender como as liberdades econômicas e individuais impactam o desenvolvimento cognitivo, o que possibilita aos formuladores de políticas e educadores a criação conjunta de ambientes e oportunidades que promovam o crescimento e a aprendizagem ao longo da vida, aprimorando a qualidade de vida e o potencial humano.

TEORIA PSIANALÍTICA

A relação entre a teoria psicanalítica, com foco nas contribuições de Freud e Lacan, e as liberdades econômicas e individuais é um tema de grande relevância no campo da psicologia. A teoria psicanalítica busca compreender os aspectos inconscientes da mente humana e a forma como eles afetam o comportamento, as emoções e as relações interpessoais (FREUD, 1923; LACAN, 1966).

Sigmund Freud (1923), o fundador da psicanálise, desenvolveu a teoria da estrutura da personalidade, que consiste no id, ego e superego. O id é a parte primitiva e instintiva da personalidade, enquanto o ego é a parte racional que busca equilibrar as demandas do id e as restrições do superego, que representa os valores e normas internalizadas da sociedade. As liberdades econômicas e individuais podem influenciar o desenvolvimento da personalidade ao permitir que os indivíduos satisfaçam suas necessidades básicas, expressar e vivenciar suas emoções e desenvolver suas habilidades de enfrentamento e resolução de conflitos (FREUD, 1923).

Jacques Lacan (1966), um psicanalista francês,

expandiu as ideias de Freud ao desenvolver a teoria do estágio do espelho e a noção de "Outro". Segundo Lacan, o estágio do espelho é um momento crucial no desenvolvimento psíquico, quando a criança começa a formar uma imagem de si mesma e a se identificar com essa imagem. O "Outro" refere-se ao conjunto de regras, normas e expectativas sociais que moldam a identidade e as relações interpessoais. As liberdades econômicas e individuais podem afetar o desenvolvimento psicanalítico ao proporcionar um ambiente propício para a formação de uma imagem de si positiva e para a negociação das demandas do "Outro" (LACAN, 1966).

As liberdades econômicas, como o acesso a recursos financeiros e materiais, podem permitir que os indivíduos atendam às suas necessidades básicas e busquem oportunidades para o crescimento pessoal e profissional. Isso pode contribuir para um maior equilíbrio entre o id, ego e superego, bem como para um maior senso de autoestima e realização (FREUD, 1923; LACAN, 1966).

As liberdades individuais, como a liberdade de expressão, associação e participação cultural e política, podem afetar a teoria psicanalítica ao permitir que os indivíduos expressem seus desejos, emoções e opiniões de maneira aberta e autêntica. Essas liberdades podem facilitar a construção de relações interpessoais mais saudáveis e a resolução de conflitos internos e externos, levando a um maior bem-estar psicológico e emocional (FREUD, 1923; LACAN, 1966).

Em resumo, na teoria psicanalítica de Freud (1923) e Lacan (1966), destaca-se a importância das liberdades econômicas e individuais para o desenvolvimento psicológico dos indivíduos. A compreensão dessa relação pode contribuir para a promoção de políticas e práticas que favoreçam o bem-estar emocional e a autorrealização dos cidadãos.

Ao reconhecer a influência das liberdades econômicas e individuais no desenvolvimento psicanalítico, conforme proposto por Freud (1923) e Lacan (1966), os formuladores de políticas e profissionais da área de saúde mental podem trabalhar juntos para criar ambientes e oportunidades que apoiem o crescimento emocional e o equilíbrio psicológico. A promoção das liberdades econômicas e individuais, portanto, pode ter um impacto positivo na qualidade de vida e no potencial humano, melhorando a saúde mental e o bem-estar da população.

Assim, ao considerar as teorias de Freud e Lacan, torna-se evidente que as liberdades econômicas e individuais desempenham um papel crucial na formação da personalidade e na saúde mental dos indivíduos. Estabelecer e manter essas liberdades é fundamental para a construção de sociedades mais justas e prósperas, onde os cidadãos possam desenvolver-se plenamente e alcançar seu potencial máximo.

TEORIA ANALÍTICA

A teoria analítica, desenvolvida por Carl Gustav Jung (1875-1961), oferece uma perspectiva única sobre a relação entre as liberdades econômicas e individuais e o desenvolvimento psicológico dos indivíduos. Ao contrário da abordagem de Freud e Lacan, a teoria de Jung coloca ênfase no inconsciente coletivo, na individuação e nos arquétipos, o que pode fornecer insights sobre como as liberdades econômicas e individuais afetam o bem-estar e a autorrealização dos indivíduos.

Um dos principais conceitos da teoria analítica é o inconsciente coletivo, uma camada do inconsciente que compartilha elementos comuns a todos os seres humanos e se manifesta através de símbolos e arquétipos (JUNG, 1968). As liberdades econômicas e individuais podem influenciar o modo como os indivíduos interagem com o inconsciente coletivo, proporcionando-lhes acesso a uma variedade de experiências culturais, educacionais e sociais que enriquecem seu entendimento e apropriação desses símbolos e arquétipos.

O processo de individuação é outro aspecto central da teoria de Jung, que envolve o desenvolvimento de uma identidade pessoal autêntica e a integração das várias facetas do self (JUNG, 1953). As liberdades econômicas e individuais podem promover a individuação ao permitir que os indivíduos explorem diferentes aspectos de suas personalidades, interesses e potenciais, sem medo de restrições ou represálias. Essas liberdades também podem ajudar os indivíduos a se engajarem em atividades significativas e relacionamentos autênticos, facilitando o processo de autoconhecimento e autoaceitação.

Além disso, a teoria de Jung destaca a importância dos arquétipos, padrões universais de comportamento e pensamento que emergem do inconsciente coletivo e influenciam a psique humana (JUNG, 1969). As liberdades econômicas e individuais podem permitir que os indivíduos se conectem com diferentes arquétipos, seja por meio de experiências pessoais, educação ou imersão cultural. Essa conexão com os arquétipos pode ajudar os indivíduos a encontrar significado, propósito e orientação em suas vidas, ao mesmo tempo em que contribui para o desenvolvimento de uma identidade pessoal mais rica e complexa.

Em essência, a teoria analítica de Jung proporciona uma compreensão valiosa da relação entre as liberdades econômicas, individuais e o desenvolvimento psicológico dos indivíduos. Ao reconhecer a influência dessas liberdades no processo de individuação, no inconsciente coletivo e nos arquétipos, os formuladores de políticas e profissionais podem promover ambientes que facilitam o crescimento e o desenvolvimento humano, garantindo o bem-estar e a autorrealização dos cidadãos.

TEORIA DA AUTODETERMINAÇÃO

A teoria da autodeterminação, desenvolvida por Edward L. Deci e Richard M. Ryan (1985), é uma perspectiva psicológica que se concentra na motivação humana e na satisfação das necessidades psicológicas básicas. Segundo esta teoria, os indivíduos se esforçam para satisfazer três necessidades psicológicas fundamentais: a necessidade de competência, autonomia e relacionamento.

A competência refere-se à percepção de que somos capazes e eficazes na interação com o ambiente. A autonomia é a necessidade de sentir que temos controle sobre nossas próprias ações e decisões, enquanto o relacionamento envolve a necessidade de se sentir conectado aos outros e pertencer a um grupo.

As liberdades econômicas e individuais desempenham um papel crucial na satisfação dessas necessidades psicológicas básicas. As liberdades econômicas, por exemplo, podem fornecer os recursos necessários para que os indivíduos desenvolvam suas competências. Acesso à educação de qualidade, oportunidades de emprego e recursos financeiros adequados são fatores que podem aumentar a sensação de competência.

Além disso, as liberdades individuais podem apoiar a necessidade de autonomia e relacionamento. Por exemplo, a liberdade de expressar opiniões e ideias e a liberdade de tomar decisões sobre a própria vida podem fortalecer a sensação de autonomia. Da mesma forma, a liberdade de escolher com quem se associar e a liberdade de participar de atividades sociais e comunitárias podem ajudar a satisfazer a necessidade de relacionamento.

Desta forma, ao ancorarmos nosso entendimento na teoria da autodeterminação de Deci e Ryan (1985), ressaltamos a importância vital das liberdades econômicas e individuais na satisfação das necessidades psicológicas básicas e, consequentemente, no bem-estar psicológico. Este discernimento nos permite contribuir para a estruturação de políticas e práticas que valorizem e incentivem as liberdades econômicas e individuais, apoiando assim a autorrealização e a melhoria da qualidade de vida dos indivíduos.

TEORIA BEHERVORISTA

A teoria behaviorista, com foco nas ideias de B.F. Skinner (1953), é uma perspectiva influente na psicologia que tem implicações significativas para a compreensão da relação entre as liberdades econômicas e individuais e o desenvolvimento humano.

A teoria behaviorista, também conhecida como behaviorismo, propõe que o comportamento humano é essencialmente moldado por meio de processos de condicionamento operante, onde os comportamentos são fortalecidos ou enfraquecidos com base em suas consequências (SKINNER, 1953). Skinner acreditava que o ambiente exerce um papel crucial na modelagem do comportamento, e que qualquer comportamento, seja adaptativo ou mal adaptativo, pode ser aprendido e alterado através da manipulação de estímulos e reforços ambientais.

A partir dessa perspectiva, as liberdades econômicas e individuais podem ter um impacto profundo no comportamento humano. Por exemplo, as liberdades econômicas, que podem incluir acesso a recursos financeiros e oportunidades de emprego, podem influenciar o ambiente de aprendizado e os reforços disponíveis para um indivíduo. Uma pessoa que vive em uma sociedade com amplas liberdades econômicas pode ter mais oportunidades para aprender e reforçar comportamentos produtivos, como habilidades de trabalho e autogestão, que são recompensados no ambiente de trabalho (SKINNER, 1953).

As liberdades individuais, por outro lado, podem incluir o direito à associação e à participação política. Essas liberdades podem criar um ambiente social no qual os comportamentos associados à comunicação aberta, cooperação e engajamento cívico são reforçados. Skinner (1953) enfatizava que um ambiente que recompensa esses comportamentos pode contribuir para o bem-estar individual e coletivo, e para a criação de uma sociedade mais equitativa e democrática.

Portanto, ao recorrer à teoria behaviorista de Skinner (1953), podemos enfatizar a relevância das liberdades econômicas e individuais na formação do comportamento humano. Estas liberdades, ao propiciar um ambiente de aprendizado rico e variado, têm o potencial de influenciar a aquisição e sustentação de comportamentos benéficos para o bem-estar individual e social. A partir desta perspectiva, é possível informar políticas e práticas que almejam fomentar a liberdade econômica e individual, assim como o desenvolvimento humano.

TEORIA DE APEGO

A teoria do apego, desenvolvida por John Bowlby (1969), é uma abordagem influente no campo da psicologia que oferece insights significativos sobre o papel das liberdades econômicas e individuais no desenvolvimento psicológico dos indivíduos.

Bowlby (1969) propôs que a formação de um vínculo de apego seguro e estável entre a criança e o cuidador primário, geralmente a mãe, é fundamental para o desenvolvimento emocional e social saudável. Este vínculo é formado através da interação consistente, sensível e responsiva do cuidador às necessidades da criança. Bowlby argumentou que, na ausência de tal vínculo, a criança pode experimentar insegurança emocional, dificuldades de socialização e comportamentos disruptivos.

No contexto das liberdades econômicas e individuais, a teoria do apego sugere que tais liberdades podem ter um impacto importante na qualidade do cuidado parental e, consequentemente, no desenvolvimento do apego. As liberdades econômicas, como a disponibilidade de recursos financeiros e a segurança no emprego, podem permitir que os pais forneçam um ambiente estável e seguro para as crianças, com acesso a recursos necessários para o seu bem-estar físico e emocional. Isto, por sua vez, pode facilitar a formação de um vínculo de apego seguro (BOWLBY, 1969).

As liberdades individuais, por outro lado, como a igualdade de gênero e o direito à licença parental, podem apoiar a participação ativa de ambos os pais no cuidado da criança, promovendo uma divisão equitativa de responsabilidades parentais e uma maior capacidade de resposta às necessidades da criança. Além disso, o acesso a redes de apoio social e a serviços de saúde mental pode proporcionar suporte adicional aos pais, contribuindo para a qualidade do cuidado parental e a formação do apego seguro

(BOWLBY, 1969).

Em suma, utilizando como referência a teoria do apego de Bowlby (1969), podemos sublinhar a relevância das liberdades econômicas e individuais para um desenvolvimento emocional e social saudável. Estabelecer condições que promovam essas liberdades, pode facilitar a oferta de cuidado parental de qualidade e a formação de vínculos seguros de apego, elementos essenciais para o bem-estar e a autorrealização dos indivíduos.

LOGOTERAPIA

A Logoterapia, uma abordagem psicoterapêutica criada por Viktor Frankl (1946), se concentra na busca de sentido como a principal motivação do ser humano. A teoria de Frankl se baseia na premissa de que, mesmo em circunstâncias extremamente difíceis, o indivíduo tem a liberdade de encontrar um propósito e um sentido na vida (FRANKL, 1946).

Frankl (1946) sugere que a liberdade interior, ou seja, a capacidade de escolher como responder às circunstâncias da vida, é a última e definitiva liberdade do ser humano. Assim, mesmo em face de adversidades e restrições externas, os indivíduos têm a liberdade de escolher sua atitude e encontrar um sentido na vida.

As liberdades econômicas e individual podem desempenhar um papel importante no contexto da Logoterapia. As liberdades econômicas, como a segurança financeira e o acesso a oportunidades de emprego, podem proporcionar condições para que os indivíduos busquem e encontrem sentido em suas atividades profissionais, contribuindo para seu bem-estar psicológico e satisfação com a vida (FRANKL, 1946).

Por outro lado, as liberdades individuais, como a liberdade de associação e a liberdade de participar de atividades culturais e políticas, podem permitir que os indivíduos se engajem em atividades significativas, construam relacionamentos enriquecedores e contribuam para a sociedade de maneira significativa. Segundo Frankl (1946), essas experiências podem ajudar os indivíduos a encontrar um sentido na vida e a superar desafios e adversidades.

Assim, podemos nos apoiar na teoria da Logoterapia de Frankl (1946) para ressaltar a relevância das liberdades econômicas e individuais na busca de sentido e no desenvolvimento humano. Nesse sentido, a compreensão dessa conexão se torna crucial para a elaboração de políticas e práticas que incentivem o bem-estar psicológico e a autorrealização. Assim, ao proporcionar condições favoráveis, os indivíduos podem ser incentivados a buscar e encontrar sentido em suas vidas, mesmo quando confrontados com adversidades e desafios.

TEORIA SÓCIO-HISTÓRICA

A teoria sócio-histórica de Lev Vygotsky (1978) proporciona uma visão significativa sobre a relação entre o desenvolvimento psicológico e as liberdades econômicas e individuais. Vygotsky enfatizou a natureza social e cultural do desenvolvimento humano e a importância do contexto sociocultural na formação da mente humana (VYGOTSKY, 1978).

Vygotsky (1978) argumentou que a aprendizagem ocorre por meio de interações sociais e que os indivíduos internalizam as ferramentas culturais, como a linguagem e os símbolos, para mediar seu pensamento e comportamento. Nesse sentido, as liberdades econômicas e sociais podem ter um impacto significativo no desenvolvimento psicológico dos indivíduos.

Por exemplo, as liberdades econômicas, como a disponibilidade de recursos materiais e financeiros, podem proporcionar aos indivíduos acesso a uma variedade de recursos culturais e educacionais. Isso pode permitir que eles participem de atividades de aprendizagem significativas e enriqueçam seu desenvolvimento cognitivo e social (VYGOTSKY, 1978).

Por outro lado, as liberdades individuais, como a liberdade de expressão e a liberdade de associação, podem criar oportunidades para os indivíduos interagirem com outros membros da sociedade e participarem de práticas culturais e sociais. Essas interações sociais podem facilitar a aprendizagem e o desenvolvimento dos indivíduos, permitindo que eles internalizem as normas, valores e conhecimentos culturais (VYGOTSKY, 1978).

Além disso, a teoria de Vygotsky (1978) sugere que a aprendizagem e o desenvolvimento são mediados por ferramentas culturais, como a linguagem. Portanto, as liberdades individuais que permitem a livre expressão e comunicação podem desempenhar um papel crucial na promoção do desenvolvimento cognitivo e social dos indivíduos.

Em linhas gerais, baseado na teoria sócio-histórica de Vygotsky (1978), pode-se destacar a importância das liberdades econômicas e sociais para o desenvolvimento psicológico dos indivíduos. Reconhecendo o papel dessas liberdades, os formuladores de políticas e os educadores podem trabalhar para promover ambientes de aprendizagem que apoiam o desenvolvimento cognitivo e social dos indivíduos, facilitando a internalização das ferramentas culturais e a participação em interações sociais significativas.

6. Tecnologia como Catalisadora de Liberdades Econômicas e Sociais: O Impacto das Criptomoedas, Impressão 3D e IA

A influência da tecnologia nas liberdades econômicas e sociais é um tópico de pesquisa complexo e multifacetado. Nas últimas décadas, as inovações tecnológicas têm alterado profundamente as estruturas econômicas e sociais, criando novas oportunidades e desafios.

Criptomoedas, particularmente o Bitcoin, têm sido revolucionárias na esfera econômica, essencialmente por sua natureza descentralizada e pela falta de regulamentação por qualquer autoridade central. Este fenômeno foi introduzido por Nakamoto (2008), que destacou a criação do Bitcoin como uma moeda descentralizada. Este marco representa um progresso significativo em direção à liberdade econômica, uma vez que permite transações sem a necessidade de intermediários, proporcionando maior privacidade e autonomia aos usuários (Tapscott & Tapscott, 2016).

A influência das criptomoedas na liberdade econômica é multiface, não se limitando apenas à autonomia transacional. Como pontua Vigna e Casey (2016), a natureza descentralizada das criptomoedas também promove a inclusão financeira, pois qualquer indivíduo com acesso à internet pode participar do sistema econômico global, independentemente de sua localização geográfica ou do status socioeconômico. Isso democratiza o acesso a serviços financeiros, especialmente em regiões onde o sistema bancário tradicional é inacessível ou ineficiente.

No que tange às liberdades individuais, as criptomoedas podem servir como uma ferramenta de resistência contra regimes autoritários. Como argumenta Gladstein (2018), as criptomoedas podem ser usadas para preservar a liberdade de expressão e a privacidade, pois permitem que os indivíduos realizem transações sem a vigilância do governo. Além disso, em situações de crise econômica e hiperinflação, como observado na Venezuela e no Zimbabwe, as criptomoedas têm sido um refúgio para a população, permitindo a preservação do valor de suas economias (Guadamuz & Marsden, 2019).

No entanto, a relação entre criptomoedas e liberdades sociais e econômicas é complexa e não isenta de desafios. Por exemplo, a falta de regulamentação pode levar a uma maior volatilidade do mercado, e a privacidade proporcionada pelas criptomoedas pode ser explorada para fins ilícitos, como o financiamento do terrorismo e a lavagem de dinheiro (Böhme et al., 2015). Ademais, a exclusão digital, que é a falta de acesso à internet ou à tecnologia digital, pode exacerbar as desigualdades socioeconômicas, na medida em que apenas aqueles com acesso à tecnologia podem beneficiar-se das vantagens das criptomoedas (Tapscott & Tapscott, 2016).

Além disso, o desenvolvimento das impressoras 3D surgiu como uma tecnologia revolucionária que têm o potencial de alterar a forma como produzimos e consumimos bens. Essa tecnologia permite a produção descentralizada de uma grande variedade de objetos, desde próteses e peças de reposição até armas de fogo, por meio de um processo chamado fabricação aditiva. Com essa tecnologia, os indivíduos podem criar os próprios produtos, desafiando a dinâmica tradicional de produção e consumo (Berman, 2012).

No contexto das liberdades sociais, a impressão 3D

oferece novas possibilidades para a expressão individual e a autonomia. Essa tecnologia permite que os indivíduos personalizem os produtos de acordo com suas próprias necessidades e preferências, oferecendo novas oportunidades para a autoexpressão (Rayna & Striukova, 2016). Além disso, a fabricação aditiva pode contribuir para a democratização da produção, permitindo que mais pessoas participem do processo de produção.

A possibilidade de imprimir armas de fogo com uma impressora 3D, no entanto, levanta questões complexas sobre a liberdade e a segurança. Wilson (2013) argumenta que a impressão 3D de armas desafia as leis de controle de armas, pois permite que os indivíduos produzam suas próprias armas, sem regulamentação. No entanto, essa liberdade também levanta preocupações sobre a segurança e a possibilidade de abuso. A possibilidade de fabricar armas de fogo de forma descentralizada pode dificultar o controle de armas e aumentar o risco de violência (Gibson, 2017).

No campo econômico, a impressão 3D tem potencial para transformar as cadeias de produção. Ao permitir a produção descentralizada de bens, essa tecnologia pode reduzir a necessidade de produção em massa e transporte de bens, potencialmente reduzindo os custos e o impacto ambiental da produção (Ford & Despeisse, 2016). Além disso, a capacidade de produzir bens de maneira personalizada pode levar a novos modelos de negócios e oportunidades econômicas.

No entanto, a impressão 3D também apresenta desafios para a economia. A descentralização da produção pode levar à perda de empregos na indústria de manufatura e à desigualdade econômica, se a posse e o acesso às impressoras 3D forem concentrados (Birtchnell & Urry, 2013). Além disso, a capacidade de produzir bens de forma descentralizada e sem regulamentação pode levar a questões de propriedade intelectual e responsabilidade pelo produto (Daly, 2016).

Uma teoria que aborda essa influência, e avanço, tecnológico é o transumanismo, conforme delineado por pensadores como Bostrom (2005), é uma abordagem filosófica que defende o uso de tecnologia para superar as limitações humanas e aprimorar as capacidades cognitivas e físicas. O transumanismo vê o desenvolvimento humano não como um processo biológico, mas como um processo tecnológico. A perspectiva transumanista tem implicações significativas para a nossa compreensão das liberdades econômicas e sociais.

A tecnologia pode ser vista como um agente de libertação econômica e social, proporcionando aos indivíduos maior controle sobre suas vidas e capacidades. A capacidade de melhorar a cognição, por exemplo, tem o potencial de aumentar a produtividade e a criatividade, abrindo novos caminhos para a inovação econômica. Ao mesmo tempo, a capacidade de modificar o corpo humano pode permitir uma maior expressão individual e liberdade, à medida que as pessoas têm a oportunidade de moldar suas próprias identidades de maneira mais profunda e significativa.

No entanto, a visão transumanista também levanta questões importantes sobre igualdade e justiça social. Se apenas uma minoria privilegiada tiver acesso a tecnologias de aprimoramento, isso poderia levar a novas formas de desigualdade e exclusão social. Além disso, a capacidade de modificar o corpo e a mente humana pode levar a novas formas de controle e coerção, à medida que os governos e as corporações ganham a capacidade de manipular as capacidades humanas.

Esses exemplos ilustram a potencialidade disruptiva da tecnologia em termos de liberdades sociais e econômicas. No entanto, essa influência também traz consigo desafios e complexidades. A tecnologia tem o potencial de promover a liberdade, mas também pode ser uma fonte de desigualdade e controle.

A IA (Inteligência Artificial) é outro domínio tecnológico que tem implicações significativas para as liberdades econômicas e sociais. A IA tem o potencial de automatizar uma ampla gama de tarefas, o que pode levar a uma maior produtividade e eficiência (Brynjolfsson & McAfee, 2014). No entanto, a automação também pode levar à perda de empregos e à desigualdade econômica, pois as máquinas substituem os trabalhadores humanos (Autor, 2015).

Além disso, a IA pode ser usada para monitorar e controlar o comportamento humano, o que levanta questões sobre a privacidade e a liberdade. Como Zuboff (2019) argumenta, a "capitalismo de vigilância" emergente usa a IA para coletar e analisar dados pessoais em uma escala sem precedentes, o que pode ser usado para influenciar e manipular o comportamento humano.

Em suma, a influência da tecnologia nas liberdades econômicas e sociais é complexa e multifacetada. Enquanto a tecnologia tem o potencial de promover a liberdade e a igualdade, também pode levar à desigualdade e ao controle. Portanto, é crucial que continuemos a explorar e a debater essas questões à medida que avançamos para um futuro cada vez mais tecnológico.

7. Compreensão Final Sobre a Relação de Ambas Liberdades e Suas Influências

Este estudo analisou a correlação entre liberdade econômica e liberdades individuais, utilizando dados do Fraser Institute e da Freedom House. Confirmou-se a hipótese de que existe uma correlação positiva entre estas duas dimensões da liberdade, com um coeficiente de correlação médio de 0,48, apesar de existirem exceções notáveis e a relação não ser perfeitamente linear. Verificou-se ainda que os quadrantes da bússola política com maior liberdade econômica tendem a ter maior proteção às liberdades individuais.

Em relação às diferentes ideologias políticas, observou-se que a interpretação da relação entre liberdade econômica e liberdade individual varia significativamente. Enquanto alguns pensadores defendem a liberdade econômica como um meio para garantir a liberdade individual, outros argumentam que a intervenção do Estado é necessária para garantir a igualdade de oportunidades e a justiça social.

Com base nas teorias psicológicas analisadas, confirmou-se também a hipótese de que as liberdades econômicas e individuais têm um impacto significativo no desenvolvimento psicológico. As conclusões apontam para a necessidade de políticas e práticas que promovam as liberdades econômicas e individuais para garantir o bem-estar psicológico e a autorrealização.

O estudo também examinou o impacto da tecnologia nas liberdades econômicas e sociais. Confirmou-se a hipótese de que as tecnologias emergentes, como criptomoedas, impressão 3D e inteligência artificial, têm o potencial de remodelar a maneira como as liberdades são experimentadas e percebidas, embora também apresentem desafios significativos.

Em conclusão, este estudo confirma a interdependência e a complexidade da relação entre liberdade econômica e liberdades individuais. Aponta para a necessidade de políticas que promovam ambas as liberdades simultaneamente e que levem em consideração o impacto da tecnologia. Além disso, evidencia a importância de uma análise contínua e atualizada destas questões, colaborando para uma compreensão mais aprofundada das interações entre política, economia, liberdades individuais, desenvolvimento psicológico e tecnologia. As reflexões e conclusões deste estudo podem servir como base para a formulação de políticas públicas que promovam o desenvolvimento econômico, garantam as liberdades individuais e considerem o impacto da tecnologia, contribuindo assim para a construção de sociedades mais justas e prósperas.

8 REFERÊNCIAS

Are Libertarians "Anarchists"? Disponível em: <*https://www.lewrockwell.com/1970/01/murray-n-rothbard/are-libertarians-anarchists/.*>Acesso em: 20 nov. 2022.

AUTOR, D. H. **Why are there still so many jobs? The history and future of workplace automation**. Journal of Economic Perspectives, v. 29, n. 3, p. 3-30, 2015.

BAKUNIN, M. **Deus e o Estado.** São Paulo: Editora Imaginário, 2000.

BASTIAT, F. **A Lei.** São Paulo: Instituto Ludwig von Mises Brasil, 2010.

Bastiat-Proudhon Debate - Long, Commentary. Disponível em: <https://praxeology.net/FB-PJP-DOI-Appx.htm>. Acesso em: 22 nov. 2022.

BERLIN, I. **Dois Conceitos de Liberdade. In: Ensaios sobre a Liberdade.** Lisboa: Edições 70, 2014.

BERMAN, B. 3-D printing: **The new industrial revolution. Business Horizons**, v. 55, n. 2, p. 155-162, 2012.

BIRTCHNELL, T.; URRY, J. 3D, **SF and the future.** Futures, v. 50, p. 25-34, 2013.

BLOCK, W. **Rumo a uma sociedade Libertária**. Tradução: Luiz Paulo C. De Carvalho. 2. ed. [s.l.] LVM Editora, [s.d.]. p. 1–304

BOSTROM, N. **In defense of posthuman dignity.** Bioethics, v. 19, n. 3, p. 202-214, 2005.

BOWLBY, J. **Attachment and loss:** Vol. 1. Attachment. London: Hogarth Press, 1969.

BRYNJOLFSSON, E.; MCAFEE, A. **The second machine age: Work, progress, and prosperity in a time of brilliant technologies**. New York: W. W. Norton & Company, 2014.

BÖHME, R.; CHRISTIN, N.; EDELMAN, B.; MOORE, T. **Bitcoin: Economics, Technology, and Governance. Journal of Economic Perspectives**, v. 29, n. 2, p. 213-238, 2015.

BÖHME, R. et al. **Bitcoin: Economics, Technology, and Governance. Journal of Economic Perspectives**, v. 29, n. 2, p. 213-238, 2015.

CLAGUE, C. **Institutions and economic development. The concise encyclopedia of Economics**, 319-324.

COHEN, J. (1988). Statistical power analysis for the behavioral sciences (2ª ed.). Lawrence Erlbaum Associates.

DALY, A. **Socio-legal aspects of the 3D printing revolution**. Palgrave Macmillan, 2016.

DECI, E. L.; RYAN, R. M. **Intrinsic motivation and self-determination in human behavior. New York: Plenum,** 1985.

DOLGOFF, Sam. **Bakunin vs. Marx.** Disponível em: <https://theanarchistlibrary.org/library/sam-dolgoff-

bakunin-vs-marx>. Acesso em: 19 nov. 2022.

DONAHUE, J. D.; NIESEN, J. **Market failure or success: The new debate.** Edward Elgar Publishing, 2002.

Economic Freedom of the World. Disponível em: <*https://www.fraserinstitute.org/economic-freedom/map?geozone=world&year=2020&page=map&countries=HKG*>. Acesso em: 20 nov. 2022.

EDWARD, S. **An Agorist Primer**. Huntington Beach, California: Kopubco, 2009.

ESPING-ANDERSEN, G. **The Three Worlds of Welfare Capitalism**. Princeton: Princeton University Press, 1990.

FORD, S.; DESPEISSE, M. **Additive manufacturing and sustainability: An exploratory study of the advantages and challenges.** Journal of Cleaner Production, v. 137, p. 1573-1587, 2016.

FREEDOM HOUSE. **Countries | Freedom House**. Disponível em: <*https://freedomhouse.org/countries/freedom-world/scores*>. Acesso em: 22 nov. 2022.

FRIEDMAN, Milton. **Capitalismo e liberdade**. São Paulo: Nova Cultura, 1985.

FREUD, S. **O Mal-Estar na Civilização**. Rio de Janeiro: Imago, 1974.

FREUD, Sigmund. **O ego e o id**. São Paulo: Companhia das Letras, 1923.

FRANKL, V. E. **Man's Search for Meaning.** Boston: Beacon Press, 2006.

FRANKL, V. E. **The Will to Meaning: Foundations and Applications of Logotherapy.** New York: Meridian, 1988.

GIBSON, D. **The 3D printing of guns.** In: BIRTCHNELL, T.; URRY, J. (Eds.). **A new industrial future? 3D printing and the reconfiguring of production, distribution, and consumption**. Routledge, p. 91-104, 2017.

GLADSTEIN, A. **How Bitcoin can help in the fight for human rights.** Time, 2018. Disponível em: <https://time.com/5486673/bitcoin-venezuela-authoritarian/>. Acesso em: 20 jan. 2023.

GUADAMUZ, A.; MARSDEN, C. **Blockchain and Cryptocurrency: International Regulatory Challenges and Opportunities**. Edward Elgar Publishing, 2019.

GUADAMUZ, A.; MARSDEN, C. **Blockchain and AI: Data protection and privacy.** Oxford, 2019.

HAIR, J. F.; BLACK, W. C.; BABIN, B. J.; ANDERSON, R. E. **Multivariate Data Analysis** (7ª ed.). Pearson Prentice Hall, 2010.

HANS-HERMANN HOPPE. **A short history of man: progress and decline, an austro-Libertarian reconstruction**. Auburn, Alabama: Mises Institute, 2015.

HANS-HERMANN HOPPE; MISES, V. **A theory of socialism and capitalism**. Auburn, Alabama: Mises Institute, 2016.

HAYEK, Friedrich A. **O caminho da servidão**. Rio de Janeiro: Instituto Liberal, 1987

HAYEK, F. A. **The Constitution of Liberty**. University of Chicago Press, 2000.

JOHNSON, D. A. The Political Compass. 2020. Disponível em: <https://www.politicalcompass.org/>. Acesso em: 20 abr. 2023.

JOHNSON, M. A. **The Political Compass: An Overview**. Inquiries Journal, vol. 12, no. 10, 2020.

JOPPERT, L. **Totalitarismo**. In: BOBBIO, N.; MATTEUCCI, N.; PASQUINO, G. **Dicionário de política.** Brasília: Editora da UnB, 2008. p. 1278-1280.

JUNG, C. G. **O desenvolvimento da personalidade**. Petrópolis: Vozes, 1953.

JUNG, C. G. **A natureza da psique**. Petrópolis: Vozes, 1968.

JUNG, C. G. **Os arquétipos e o inconsciente coletivo.** Petrópolis: Vozes, 1969.

KENNY, D. A. **Correlation and Causality**. Wiley, 1979.

LACAN, Jacques. **Écrits: A Selection**. New York: W. W. Norton & Company, 1966.

LEONARD, T. **Populismo: uma breve introdução.** São Paulo: Editora Unesp, 2019.

LIPSET, S. M. **Some social requisites of democracy: Economic development and political legitimacy**. American Political Science Review, 1959. 53(1), 69-105.

MARX, K.; FRIEDRICH ENGELS. **Manifesto do Partido Comunista**. [s.l.] L&Pm Editores, 2001.

MIKHAIL BAKUNIN. **O princípio do Estado e outros ensaios**. [s.l.] hedra, 2015.

MILL, J. S. **Sobre a Liberdade**. São Paulo: Martins Fontes, 2000.

MUKAKA, M. M. **A guide to appropriate use of correlation coefficient in medical research**. Malawi Medical Journal, v. 24, n. 3, p. 69-71, 2012.

NAKAMOTO, S. **Bitcoin: A Peer-to-Peer Electronic Cash System**. 2008. Disponível em: <https://bitcoin.org/bitcoin.pdf.> Acesso em: 9 fev. 2023.

NOZICK, R. **Anarchy, State, and Utopia**. Nova Iorque: Basic Books, 1974.

NOLAN, D. **The Political Spectrum**. 2014. Disponível em: <http://www.nolanchart.com/spectrum.php>. Acesso em: 20 abr. 2023.

NORTH, D. C., & THOMAS, R. P. **The rise of the western world: A new economic history**. Cambridge University Press, 1973.

OYAMA, T.; SANT'ANNA, A. **Liberalismo**. In: BOBBIO, N.; MATTEUCCI, N.; PASQUINO, G. Dicionário de política. Brasília: Editora da UnB, 2008. p. 788-792.

PEARSON, K. **Notes on regression and inheritance in the case of two parents**. Proceedings of the Royal Society of London, v. 58, p. 240-242, 1895.

PIAGET, J. **The origins of intelligence in children.** New York: International Universities Press, 1952.

POLITICAL COMPASS. **About the Political Compass.** Disponível em: <https://www.politicalcompass.org/about>. Acesso em: 19 nov. 2022.

PROUDHON, P. J. **O que é a Propriedade?** São Paulo: Martins Fontes, 1988.

RAWLS, John. **Uma teoria da justiça**. São Paulo: Martins Fontes, 2008.

RAWLS, J. A **Theory of Justice. Cambridge: Harvard University Press**, 1971.

RAYNA, T.; STRIUKOVA, L. **From rapid prototyping to home fabrication: How 3D printing is changing business model innovation. Technological Forecasting and Social Change,** v. 102, p. 214-224, 2016.

ROCKER, Rudolf. **Anarcho-Syndicalism**. AK Press, 2013.

RODGERS, J. L.; NICEWANDER, W. A. **Thirteen ways to look at the correlation coefficient**. The American Statistician, v. 42, n. 1, p. 59-66, 1988.

ROTHBARD, M. **Esquerda e direita: perspectivas para a liberdade.** Tradução: Alexandre S. 1° ed. Campinas, São Paulo: Vide Editorial, 2016.

ROTHBARD, M. **Konkin on Libertarian Strategy**. Disponível em: <*https://mises.org/library/konkin-libertarian-strategy*>. Acesso em: 22 nov. 2022.

ROTHBARD, M: "We must therefore conclude that we are not anarchists" – Anarchist Writers. Disponível em: <*https://anarchism.pageabode.com/blog/rothbard-we-must-therefore-conclude-that-we-are-not-anarchists/*>. Acesso em: 21 nov. 2022.

SCHUMPETER, J. A. **Capitalism, Socialism, and Democracy**. Nova Iorque: Harper & Brothers, 1942.

SEN, Amartya. **Desenvolvimento como liberdade**. São Paulo: Companhia das Letras, 2010.

SKINNER, B.F. **Science and Human Behavior.** New York: Macmillan, 1953.

SPOONER, L. **Sem Traição**. São Paulo: Editora Hedra, 2009.

SUNSTEIN, C. R. **Republic.com**. Princeton: Princeton University Press, 2001.

TAPSCOTT, D.; TAPSCOTT, A. **Blockchain Revolution: How the Technology Behind Bitcoin Is Changing Money, Business, and the World**. Penguin, 2016.

THE POLITICAL COMPASS. **The Political Compass**. Disponível em: <*https://www.politicalcompass.org*>.

TOMASI, John. **Free Market Fairness**. Princeton University Press, 2012.

VANBERG, V. J. **The constitutional order of the European Union: A legal analysis**. Edward Elgar Publishing, 2008.

VIGNA, P.; CASEY, M. J. **The Age of Cryptocurrency: Bitcoin and the Fight for the Future of Money**. St. Martin's Press, 2016.

VYGOTSKY, L. S. **Mind in society: The development of higher psychological processes.** Cambridge, MA: Harvard University Press, 1978.

WILSON, C. **Click to shoot: an ethnographic study of the digital revolution and its impact on the production and distribution of child pornography.** In: BIRTCHNELL, T.; URRY, J. (Eds.). **A new industrial future? 3D printing and the reconfiguring of production, distribution, and consumption.** Routledge, p. 67-81, 2013.

ZUBOFF, S. **The age of surveillance capitalism: The fight for a human future at the new frontier of power.** New York: PublicAffairs, 2019

SOBRE O AUTOR

Leonardo Zétula Duro, nascido nos anos 2000, em uma pequena cidade do interior de Minas Gerais, é um acadêmico de destaque com múltiplos diplomas e conquistas. Após sua adolescência, passou por uma transformação significativa, dedicando-se intensamente aos estudos e descobrindo sua paixão pela área academia e buscando desenvolvimento dentro dela.

www.ingramcontent.com/pod-product-compliance
Lightning Source LLC
LaVergne TN
LVHW050425160826
845677LV00002BA/543
9786501219202